DAECH
LES DESSOUS DU GROUPE TERRORISTE
— Combattre au nom du djihad

par Benoît Lefèvre

50MINUTES

DAECH

- **Année de formation ?** Créée en 2006 durant le Conseil consultatif des moudjahidines en Irak suite au rassemblement de cinq groupes djihadistes et d'une trentaine de tribus sunnites, l'organisation terroriste proclame l'État islamique d'Irak en octobre 2006, avant de devenir l'État islamique en Irak et au Levant en 2013.
- **Idéologie ?** Salafisme djihadiste (sunnite).
- **Fondateurs ?**
  - Abou-Moussab al-Zarqaoui (1966-2006)
  - Abou Omar al-Baghdadi (mort en 2006)
  - Abu Bakr al-Baghdadi (né en 1971)
- **Dénominations ?** *Ad Dawla al Islamiya fi al 'Iraq wa ash Sham*, soit l'« État islamique en Irak et au Levant » (EIIL) en français, ou Daech (acronyme arabe de l'EIIL qui est toutefois considéré péjorativement par les membres de la cellule terroriste). D'autres préfèrent parler de l'« organisation de l'État islamique » (OEI), montrant par là leur refus de considérer le groupe terroriste comme un véritable État.
- **Objectifs du groupe ?**
  - Fonder un califat réunissant l'ensemble du monde musulman, sur le modèle du califat des Abbassides ;
  - lutter contre l'Occident qui est jugé responsable de la persécution des musulmans à travers les siècles ;
  - combattre les chiites.

En janvier 2015, le journal satirique *Charlie Hebdo* est pris pour cible par des terroristes, de même qu'un magasin juif dans lequel un homme armé retient en otage le personnel et les clients. Le bilan est lourd : 17 personnes perdent la vie durant les assauts. Quelques mois plus tard, le 13 novembre, la capitale française est une nouvelle fois secouée par une série d'attaques au cours desquelles une centaine de personnes succombent, abattues en rue, dans des cafés et dans la salle de spectacle du Bataclan. Le 22 mars 2016, c'est au tour de la Belgique d'être victime d'attentats-suicides, lorsque des bombes explosent à l'aéroport de Zaventem et dans la station de métro Maelbeek, située à deux pas des institutions européennes, faisant plus de 200 blessés et 32 morts. Il ne s'agit là que de deux exemples parmi tant d'autres : les États-Unis, l'Irak, la Syrie, l'Égypte ou encore la Turquie ont, eux aussi, été meurtris par des attentats.

Ces attaques ont été revendiquées par une organisation qui était demeurée jusque-là inconnue du grand public et qui se fait appeler Daech ou État islamique. Relativement jeune, mais non moins puissante, elle se réclame de l'islam et est animée par la volonté de mener un djihad contre l'ensemble de la civilisation occidentale ainsi que par leur désir de restaurer le califat des Abbassides, qui s'est éteint en 1258. Fondé en 2006, le groupe s'est développé dans un contexte historique particulier (la guerre en Irak et en Syrie) qui a favorisé l'essor rapide d'un extrémisme armé, véhiculé par des hommes nostalgiques de la puissance que détenait auparavant le monde musulman.

LE DJIHAD

Le concept de djihad a été conçu après la mort de Mahomet (570-632) par les savants religieux musulmans. Signifiant à l'origine la « lutte », le terme désigne l'effort de guerre contre les non-musulmans. Il est décrété par le calife lui-même, chef de l'*oumma* (« la communauté musulmane »), ou par l'un de ses représentants. S'il n'a plus été proclamé officiellement depuis 1914, il est régulièrement repris par des groupes de combattants indépendants qui lui confèrent un sens guerrier. Ceux-ci l'utilisent en effet pour évoquer une sorte de contre-croisade contre l'Occident et la lutte contre le colonialisme. Cette lutte est menée tout en mettant à mal la culture et les intérêts occidentaux au Moyen-Orient, ceux-là mêmes qui, selon eux, corrompent les élites musulmanes.

À partir du Xe siècle, certains auteurs ont développé une vision plus modérée du concept en considérant le djihad comme un combat dé-fensif. Pour les soufis, il existe à côté de ce djihad « mineur » un djihad « majeur » qui fait référence au combat quotidien que doit mener chaque musulman contre les tentations qui se présentent à lui et qui pourraient le détourner du droit chemin ; il ne s'exerce donc pas, en théorie, de manière violente.

Si le groupe terroriste fait depuis souvent la une de l'actualité, il reste toutefois assez méconnu du public. Les questions que l'on se pose sont en effet nombreuses : qui se cache véritablement derrière l'EI ? Comment s'est-il créé ? Comment fonctionne-t-il ? Quels sont ses moyens de pression ? Découvrez dans cet ouvrage les réponses à ces questions.

L'ORIGINE DE DAECH

HISTOIRE DE L'IRAK

Un pays instable

Les origines de Daech sont intrinsèquement liées à l'Histoire de l'Irak. Devenu colonie britannique à la suite de la Première Guerre mondiale (1914-1918) après avoir été un temps le centre du monde arabe, le pays n'a acquis son indépendance que durant la seconde moitié du XXe siècle, à la suite d'un coup d'État mené par le général Abd al-Karim Kassem (1914-1963) en juillet 1958. Après l'exécution de l'ancien dirigeant du pays, le roi Faysal Ier (1883-1933), et de son équipe, la république d'Irak est proclamée. Elle est dirigée par le Parti Baas.

LE PARTI BAAS

Le Baas (littéralement « la résurrection ») est un parti moyen-oriental développant un nationalisme arabe. Il se donne pour objectif la réalisation de l'unification arabe ainsi que la proclamation de l'indépendance économique, politique et culturelle du monde arabe. À partir de 1950 viennent se greffer à cette volonté des tendances socialistes qui permettent de revitaliser la société.

Le Parti Baas s'est implanté en Irak à partir de 1949. Après une longue période passée dans la clandestinité, il revient officiellement sur le devant de la scène politique à la suite de la révolution de 1958 et s'ancre solidement au pouvoir dix ans plus tard.

En Syrie, le Baas arrive au pouvoir au début des années soixante où il mène une politique de nationalisation. Hafez al-Assad (1930-2000), le père de Bachar al-Assad (président de la Syrie, né en 1965), occupe le siège de secrétaire général du parti dès 1970, avant de devenir président de la République l'année suivante.

En 1968, un nouveau coup d'État secoue l'Irak qui aboutit au renversement du président Abdul Rahman Aref (1916-2007) et au rétablissement du Parti Baas à la tête du pays, alors qu'il en avait été écarté quelques années plus tôt. C'est désormais Ahmad Hasan al-Bakr (1914-1982) qui gouverne l'Irak, aidé par son vice-président Saddam Hussein (1937-2006). Le pouvoir de ce dernier va grandissant et, très vite, profitant du grand âge du président, il en vient à tenir entre ses mains les rênes du pouvoir, avant de lui succéder officiellement en 1979. Saddam Hussein entreprend alors plusieurs purges, au sein de son parti notamment, qui font des centaines de morts.

Alors que la révolution islamique gronde en Iran, Saddam Hussein lance l'Irak dans une guerre meurtrière et destructrice contre son voisin, qui durera huit ans et qui ruinera complètement le pays. Il s'attaque ensuite au Koweït dans le but notamment d'augmenter ses rentrées pétrolières, mais son entreprise se solde par un nouvel échec. L'ONU le sanctionne en mettant en place un embargo sur le pétrole irakien, qui constituait sa principale ressource financière.

Malgré la situation catastrophique du pays et la pauvreté du peuple, Saddam Hussein parvient non seulement à maintenir son pouvoir, mais aussi à le renforcer par un système de clientélisme et par le fait qu'il se présente comme un rempart contre l'impérialisme occidental. Déchiré, le pays est en proie à des guerres intestines et doit faire face à une forte criminalité et corruption.

Un pays scindé entre plusieurs religions

L'Irak se caractérise par une très grande diversité ethnique (Arabes, Kurdes, Assyriens, Arméniens, etc.) et religieuse. Une large majorité de la population est de confession musulmane (95 %), mais l'on retrouve également sur le territoire quelques chrétiens, yézidis et mandéens.

DES ANCIENNES RELIGIONS MONOTHÉISTES

Le yézidisme est une religion monothéiste issue d'anciennes croyances kurdes dont les origines sont antérieures au IXᵉ siècle av. J.-C. Il repose sur une transmission orale de la foi. Dans cette religion, Dieu a confié à sept anges la mission de garder la Terre qu'il a créée. L'Irak compte aujourd'hui 600 000 adeptes.

Le mandéisme est également une religion monothéiste, établie à l'origine autour de l'Euphrate et du Tigre. Elle considère que le monde est constitué d'une opposition entre le « monde d'en haut », le lieu de la lumière, et le « monde d'en bas », le lieu des ténèbres. Son prophète principal est Jean le Baptiste.

La communauté musulmane, largement majoritaire, est elle-même divisée en deux groupes : les chiites qui rassemblent 65 % des musulmans du pays, et les sunnites qui constituent les derniers 35 %. Ces deux groupes qui appartenaient originellement à un islam uni se sont scindés suite à la mort du prophète Mahomet, au moment de désigner un successeur. Alors que certains (ceux qui deviendront les chiites) choisissent Ali, le gendre du prophète, les autres (les futurs sunnites) lui préfèrent Abou Bakr, l'un de ses compagnons. Ils ne partagent en outre pas la même vision du rôle joué par l'imam. Si, pour les sunnites, il est un homme parmi les autres qui guide les croyants, pour les chiites, il est un descendant du prophète qui tire son pouvoir de Dieu. Cela a une conséquence au niveau politique puisque les premiers acceptent que religion et politique soient mêlées, tandis que les seconds souhaitent faire la distinction entre les deux. L'appareil étatique irakien a toujours été dominé par les sunnites, minoritaires dans le pays, les chiites étant constamment asservis.

UNE MINORITÉ À LA TÊTE DE L'IRAK

La raison pour laquelle les sunnites se trouvent au sommet de l'État irakien est historique. Du temps de l'Empire ottoman, le calife étant sunnite, sa communauté était privilégiée. Les chiites formaient alors une communauté rurale plus pauvre. Lorsque l'Irak est devenu une

Alors que la première guerre du Golfe, née de l'invasion du Koweït par l'Irak, vient tout juste de se terminer, le pays doit faire face au soulèvement de certaines régions à majorité chiite. La révolte est réprimée dans une violence telle que l'ONU décide d'intervenir et crée des zones d'exclusion aérienne en vue de protéger la population. La situation est catastrophique, d'autant plus que les États-Unis bombardent presque quotidiennement l'Irak à la fin des années quatre-vingt-dix. Pourtant, Saddam Hussein parvient à conserver sa place à la tête de l'État.

La montée de la violence

En 2003, Washington décide d'envahir l'Irak, argumentant la présence d'armes de destruction massive sur le sol irakien et l'existence de liens entre Saddam Hussein et des groupes terroristes, dont al-Qaida. Les États-Unis sont aidés dans cette mission par des troupes britanniques. Le 19 mars, ils envahissent le pays et font tomber le régime quelques semaines plus tard. Peu de temps après, le Conseil de sécurité de l'ONU octroie le contrôle de l'Irak à la coalition américano-britannique, afin qu'elle puisse entamer le processus de reconstruction et de pacification du pays. En septembre, un gouvernement provisoire est mis sur pied, mais la situation ne s'arrange guère, et les forces américaines et britanniques sont souvent prises à partie.

En mars 2004, le chiite Iyad al-Alawi (né en 1944) est choisi comme chef de gouvernement provisoire, tandis que le sunnite Ghazi al-Yaouar (né en 1958) est nommé président de la République. Mais, peu de temps après, la guérilla sunnite et chiite reprend, mettant le pays à feu et à sang. Les Américains tentent de la réprimer dans la violence.

Photo prise en 2004 à Falloujah, ville du centre de l'Irak devenue le théâtre d'affrontements violents.

En janvier 2005 ont lieu les élections auxquelles refusent de participer bon nombre de sunnites. Elles sont donc remportées par les listes chiites soutenues par l'ayatollah Ali al-Sistani (né en 1930). Après de nombreuses négociations, c'est finalement le Kurde Djalal Talabani (né en 1933) qui est nommé à la présidence, et la vice-présidence est accordée au sunnite Ghazi al-Yaouar et au chiite Adel Abdel Mahdi (né en 1942). Une nouvelle Constitution est rédigée dans la foulée mais, au lieu d'arranger la situation, elle vient exacerber les différences entre les communautés religieuses. Les actions réalisées par les États-Unis, peu habitués à ce type de situation, participent également à son aggravation. À la fin de l'année ont lieu de nouveaux scrutins. Après de longs pourparlers, Djalal Talabani conserve ses fonctions, et le chiite Nuri al-Maliki (né en 1950) obtient le poste de Premier ministre. Celui-ci présente quelques mois plus tard un gouvernement d'union nationale chargé de rétablir l'ordre. Mais la violence ne faiblit guère, et les États-Unis décident de reprendre le contrôle de la situation. Ils lancent plusieurs opérations afin de mettre un terme aux insurrections.

En 2008 est signé un accord de retrait des troupes étrangères, une évacuation qui commencera en juin 2009 et qui s'achèvera en décembre 2011. De nouvelles élections ont lieu le 7 mars 2010 afin d'assurer la transition. Djalal Talabani et Nuri al-Maliki conservent leur poste.

Après neuf ans d'occupation, le 18 décembre 2011, les dernières troupes américaines quittent le pays, laissant l'Irak seul pour construire son destin. Le bilan de l'opération se révèle catastrophique : alors que les États-Unis ont perdu plus de 4 000 soldats, l'Irak compte plus de 110 000 morts. En outre, George W. Bush (président des États-Unis, né en 1946) a mené une vaste campagne de débaasification en éliminant les membres du parti de Saddam Hussein, très nombreux car, dans les années quatre-vingt-dix, beaucoup d'Irakiens s'étaient affiliés au parti afin de devenir fonctionnaires, sans pour autant avoir de véritables affinités avec le dictateur et ses idées.

Malgré le retrait des troupes étrangères, les tensions restent fortes et fournissent un terreau fertile pour le développement de groupes terroristes tels que Daech. Ces groupes radicaux profitent du climat extrêmement tendu pour diviser la société irakienne, attisant la haine des sunnites envers les chiites et l'Occident. Ils accusent les États-Unis d'avoir occupé des décennies durant le sol irakien et, de manière plus large, tout le Moyen-Orient afin de profiter des ressources pétrolières du Golfe. L'amertume est d'autant plus grande que les promesses d'instauration de la démocratie ne se sont jamais concrétisées. Victimisant les sunnites, les salafistes (membres d'un courant fondamentaliste du sunnisme prônant un retour au texte coranique) leur proposent un projet destiné à les faire sortir de leur isolement et lancent des appels à la violence pour renverser le pouvoir chiite, présenté comme illégitime et mécréant. C'est ainsi que, le 15 octobre 2006, des insurgés irakiens forgent une alliance et proclament l'État islamique d'Irak (*Dawlat al-Iraq al-islamiya*).

LES FONDATEURS DE L'EI

Al-Zarqaoui et le développement d'un groupe armé en Irak

Le Jordanien Abou Moussab al-Zarqaoui se présente comme le chef de file de ce djihad tourné non seulement contre l'Occident, mais aussi contre les chiites qu'il déteste par-dessus tout. Il prête allégeance à al-Qaida en octobre 2004 et prend la tête de la branche irakienne de la cellule. Il fédère autour de lui de nombreuses factions sunnites.

Al-Zarqaoui, de son vrai nom Ahmed Fadel Nazzal al-Khalayleh, est né dans un quartier ouvrier de Zarqa, une ville pauvre de Jordanie. Sa jeunesse est mouvementée et marquée par de nombreux petits délits. Inquiète par le comportement de son fils, sa mère décide de l'envoyer dans une école coranique dont il ressort métamorphosé. Peu de temps après, il décide de partir pour l'Afghanistan pour combattre l'Union soviétique, et prend comme nom de guerre Abou Moussab al-Zarqaoui.

Après le départ des forces soviétiques en 1989, le jeune combattant choisit de rester en Afghanistan où il fait la rencontre d'Abou Mohammed al-Maqdisi qui souhaite renverser les gouvernements arabes qu'il juge corrompus, dans le but de changer la société. Ensemble, ils se rendent en Jordanie pour y créer une cellule terroriste, mais ils sont arrêtés et condamnés à 15 ans de prison. C'est là qu'al-Zarqaoui s'imprègne du salafisme. Il quitte la prison avant la fin de sa peine et retourne en Afghanistan.

En 2000, il rencontre pour la première fois Oussama Ben Laden (1957-2011), à Kandahar (Afghanistan). Il rejette sa proposition de rejoindre al-Qaida, préférant se consacrer à l'instauration d'un État islamique au Moyen-Orient. Il dirige par ailleurs un camp d'entraînement à Hérat, en Afghanistan, afin de préparer des attentats-suicides au Moyen-Orient. Il doit toutefois quitter les terres de Kandahar suite à l'arrivée des forces américaines en 2001.

Placé à la tête du groupe de djihadistes al-Tawhid Wal-Jihad, il organise plusieurs attaques sur le sol irakien en 2003. L'année suivante, Ben Laden intègre finalement le groupe d'al-Zarqaoui à al-Qaida. Il prend alors le nom d'al-Qaida en Irak. Grâce à cette fusion, al-Zarqaoui parvient à rassembler suffisamment de partisans et de ressources pour lutter contre les troupes américaines et lancer une vague d'attentats-suicides en Irak, plongeant le pays au bord de la guerre civile. Mais sa mort, survenue à la suite d'une frappe aérienne américaine en juin 2006, vient semer la zizanie dans son organisation, divisée par la question de sa succession. C'est finalement Abou Omar al-Baghdadi qui prend la tête du groupe.

Abou Omar al-Baghdadi et l'affirmation d'un groupe de combattants

Né dans une famille sunnite en Irak, Abou Omar dit être l'un des descendants de Mahomet.

Son passé est assez mystérieux, mais beaucoup de sources affirment qu'il aurait rejoint al-Qaida au milieu des années quatre-vingt. En 1999, il quitte l'Irak pour l'Afghanistan, où il se rapproche d'al-Zarqaoui. Après un passage au Kurdistan en 2002, il rejoint le groupe al-Tawhid Wal-Jihad l'année suivante et annonce officiellement son retour en Irak en 2004. Il participe aux batailles de Falloujah en avril et novembre 2004, qui opposent les Américains aux insurgés sunnites. Il y supervise notamment les prises d'otages. Al-Baghdadi témoigne de sa profonde haine envers les chiites et les Américains dans plusieurs essais de propagande, tels que *Pourquoi nous battons-nous, et contre qui ?* et *La constitution des apostats.*

Le rôle qu'il joue à Falloujah ainsi que sa connaissance du Coran lui permettent d'être nommé prince du tout nouvel État islamique d'Irak en 2006. Celui-ci est fondé le 13 novembre, en marge d'un Conseil consultatif des moudjahidines en Irak mis en place par la branche irakienne d'al-Qaida. La communauté internationale ne se méfie pourtant guère de ce personnage en qui elle ne voit qu'une marionnette d'al-Zarqaoui.

Abou Omar al-Baghdadi meurt en avril 2010 au cours d'une opération menée par les Irakiens et les Américains. Avec lui, l'État islamique change fondamentalement de stratégie. Au lieu de concentrer la lutte armée contre les États-Unis et ses alliés, al-Baghdadi prend pour cible les chiites et, par extension, l'Iran (premier pays à majorité chiite). Un revirement qui vaut une première prise de distance avec al-Qaida.

Abou Bakr al-Baghdadi, vers la fondation d'un califat

Il faut attendre l'arrivée d'Abou Bakr al-Baghdadi à la tête du groupe, en 2010, pour ramener une stabilité et donner au mouvement un véritable essor. Le nouvel homme fort de la mouvance salafiste s'éloigne encore un peu plus d'al-Qaida. Aussi redonne-t-il à al-Qaida en Irak le nom d'État islamique en Irak.

Vraisemblablement né en 1971 dans la ville irakienne de Samarra, Abou Bakr al-Baghdadi, qui avait à l'origine pour nom Ibrahim Ibn Awad, prétend lui aussi faire partie de la descendance directe de Mahomet. Sa famille serait, selon les djihadistes, très religieuse. Il compterait des imams et des professeurs de langue arabe, de rhétorique et de logique parmi ses frères et oncles, et a lui-même obtenu un doctorat en études islamiques à l'université de Bagdad avant d'exercer la fonction d'imam dans la capitale ainsi qu'à Falloujah.

Lors de l'invasion américaine en 2003, il rejoint le groupe d'al-Zarqaoui, dont il est assez proche. En 2005, il est capturé et emprisonné par l'occupant. Relâché en 2009, il occupe la fonction d'émir (gouverneur) dans la ville de Rawa, près de la frontière syrienne, et y préside un tribunal de la charia. Il s'y distingue par sa brutalité envers les personnes accusées de venir en aide aux forces de la coalition internationale qu'il exécute publiquement.

En mai 2010, il prend la tête du groupe. Convaincu comme al-Zarqaoui qu'une base territoriale large et solide au Moyen-Orient s'avère indispensable pour parvenir à ses fins, il se lance dans une guerre traditionnelle au cours de laquelle il tente de conquérir des régions et des villes dans lesquelles il impose la charia. À la même époque, il refuse de prêter allégeance à al-Qaida.

Profitant du conflit syrien pour étendre l'influence de son organisation, il envoie des hommes armés combattre le régime de Bachar al-Assad. C'est ainsi qu'en 2013, la cellule prend le nom d'État islamique en Irak et au Levant.

Le 29 juin 2014, quelques jours après la prise de Mossoul, deuxième plus grande ville d'Irak, il annonce depuis la grande mosquée de la ville la restauration du califat et s'en autoproclame le chef. Depuis, il demande publiquement la soumission des musulmans à son autorité.

LE CALIFE

De l'arabe *khalifat*, le terme « calife » désigne le successeur, le lieutenant de Mahomet à la tête de la communauté des croyants. Originellement, la personne désignée calife détient un pouvoir absolu sur Terre, conféré par Allah, tandis que les musulmans lui sont entièrement soumis.

Durant la seconde moitié du VIIe siècle, c'est la dynastie des Omeyyades, installée à Damas, qui tient les rênes du califat. Elle est détrônée au milieu du siècle suivant par les Abbassides, qui font de Bagdad leur capitale. Suite à un éclatement survenu au Xe siècle, d'autres califats apparaissent, à Cordoue et au Caire notamment. Le dernier califat a été aboli en 1924.

IDÉOLOGIE

POSITIONNEMENT RELIGIEUX

Daech relève sur le plan idéologique du salafisme, une branche du sunnisme qui s'est développée dans la péninsule arabique. Le salafisme peut couvrir plusieurs réalités. Toutefois, les groupes s'identifiant à ce courant de l'islam ont tous une volonté commune, à savoir le retour aux sources de l'islam, soit la religion telle que la pratiquaient les *salaf* (« pieux ancêtres »), dans le but de résoudre les problèmes que connaît la société musulmane. Pour retrouver ce qu'ils considèrent comme l'âge d'or de leur religion, les salafistes proposent de revenir au texte coranique, afin de purifier la religion de toutes les particularités qui s'y sont greffées au fil des siècles et qui ont, selon eux, dénaturé le message divin.

L'idéologie salafiste doit beaucoup à deux personnages. Le premier, Ahmad Ibn Hanbal, est un théologien mésopotamien du IXe siècle qui s'est opposé à toute forme d'innovation et, plus généralement, à la philosophie, car elle pourrait mener les croyants à une remise en question du dogme salafiste selon lequel les règles de vie sont imposées par Dieu et ont été transmises au prophète. En 1744, l'un de ses disciples, Ibn Abdelwahhab, fait alliance avec Ibn Saoud, le chef d'une tribu de la péninsule arabique, afin d'unifier les tribus arabes. Cette alliance débouche sur la fondation, en 1932, du royaume d'Arabie saoudite par la dynastie saoudienne et a pour effet d'imposer le salafisme dans l'ensemble de la péninsule.

Aujourd'hui, le salafisme se compose de trois courants qui proposent des manières différentes d'atteindre l'objectif fixé :

- le **salafisme quiétiste** qui promeut une réislamisation des sociétés musulmanes par le biais de l'éducation en retournant à la religion telle qu'elle a été transmise par le prophète ;

- le **salafisme révolutionnaire (ou djihadiste)**, dont relève Daech, qui prône un djihad armé contre les non-salafistes et l'établissement d'un État islamique ;
- le **salafisme politique** qui véhicule une vision militante de l'islam.

OBJECTIFS

La restauration du califat des Abbassides

Depuis les années cinquante, islamistes et savants islamiques promettent la restauration du califat originel, le califat sunnite des Abbassides qui avait pour capitale Bagdad. Présenté comme une société parfaite, il représente aux yeux des djihadistes l'âge d'or de l'islam. Mais aucun leader salafiste, pas même Oussama Ben Laden, n'est parvenu à concrétiser cet objectif, et, peu à peu, les musulmans se seraient écartés du droit chemin.

LE CALIFAT DES ABBASSIDES

Porté par un mouvement hostile aux Omeyyades, Al-Saffah (mort en 754), descendant d'un oncle de Mahomet, est proclamé calife en 749. L'année suivante, il vainc les Omeyyades à la bataille du Grand Zab (janvier 750). Al-Saffah prend alors la tête d'un vaste empire qui s'étend de l'Atlantique à l'Indus. Son successeur déplace l'ancienne capitale omeyyade de Damas vers Bagdad, fondé en 762. Le califat atteint son apogée sous le règne d'Harun al-Rachid (766-809) entre 786 et 809. Son territoire s'étend sur les côtes du Maghreb jusqu'aux abords de Tripoli, et au Moyen-Orient du Sud de la péninsule arabique au Sud du Caucase. Mais son influence dépasse largement les frontières et est perceptible jusqu'au Maroc actuel et au Cachemire. La richesse des villes fondées par les premiers Abbassides témoigne de la puissance du califat. La société y est hiérarchisée et très hétérogène. Les non-musulmans, en particulier les juifs et les chrétiens, font l'objet d'une ségrégation. Sur le plan intellectuel et religieux se développent une pensée sunnite traditionaliste ainsi que diverses sciences (mathématiques, médecine, astronomie, géographie, etc.).

Toutefois, le califat est progressivement concurrencé par différents territoires faisant sécession. C'est entre autres le cas du califat de Cordoue (929-1031), fruit d'un émirat fondé dans la péninsule Ibérique par l'unique survivant des Omeyyades, Abd al-Rahman (731-788), et des Fatimides au Maghreb puis en Égypte (909-1171). Au IXe siècle, le califat abbasside s'affaiblit également de l'intérieur, du fait notamment de l'influence de mercenaires turcs sur les califes.

Parallèlement à cette volonté de restaurer un système qui a fait l'apogée de l'islam, Abou Bakr al-Baghdadi est convaincu qu'il faut faire table rase des frontières qui délimitent aujourd'hui le monde musulman. Dessinées à la suite de la Première Guerre mondiale par les Britanniques et les Français, elles constituent pour lui le symbole du colonialisme européen et seraient la cause de leur déclin. En somme, la propagande de l'État islamique démontre que le califat se veut être aux musulmans ce qu'Israël est aux juifs : un territoire rassemblant, sur le lieu où se situent les origines de la foi (sur les terres de la Syrie et de l'Irak actuels), une communauté religieuse, soit l'ensemble de la communauté musulmane persécutée depuis des siècles par l'Occident. Al-Baghdadi rejette tout ce qui pourrait entraver son projet de restauration d'un califat : la démocratie, la laïcité et le nationalisme.

La lutte contre l'Occident et les chiites

Daech considère l'Occident comme un véritable ennemi à abattre, car il serait la cause de tous les maux endurés par les sunnites d'Irak et de Syrie. La présence occidentale, d'abord par les colonies puis par l'influence et l'occupation de territoires, a fait naître un profond sentiment d'humiliation.

Il convient également de tenir compte des différences qu'il existe entre les deux modes de vie. Alors que le salafisme promeut un style de vie répondant à la tradition et respectant des règles très strictes qui placent la religion et la foi au centre de l'existence du croyant, le mode de vie européen et américain est en constante évolution et tourné vers l'avenir. Fruit des Lumières, la civilisation occidentale est passée par une phase de sécularisation profonde de la société qui a mené à une séparation très nette entre la religion et l'État ainsi qu'à la promotion des libertés individuelles. En se basant sur une lecture très radicale du Coran, les salafistes les plus convaincus voient dans ces libertés une sorte d'extrémisme qui constitue une menace pour leur société, voire une offense à leur religion. Les attentats perpétrés à Paris en 2015 le démontrent bien. L'assaut contre le journal satirique *Charlie Hebdo* répondait à la publication, sous couvert de la liberté d'expression, de caricatures de Mahomet alors que toute illustration du prophète est considérée comme un affront fait à la religion musulmane. L'attaque du 13 novembre contre le Bataclan visait quant à lui un concert des Eagles of Death Metal, un groupe de rock qui recourt à des symboles sataniques, tandis que les tueries qui ont eu lieu dans les restaurants et cafés de la ville constituaient une atteinte directe au style de vie « à la française ».

L'ICONOGRAPHIE SACRÉE DANS L'ISLAM

La religion musulmane considère que Dieu ne peut être représenté, car il ne peut se résumer à une image. La question des représentations de Mahomet soulève davantage de débats. Si certains, particulièrement dans les milieux sunnites, considèrent que l'interdiction s'étend également au prophète, d'autres considèrent que ce dernier est un homme comme les autres et qu'il est dès lors permis de le représenter. C'est pour cette raison que l'on trouve un nombre important de représentations de Mahomet dans le monde chiite.

Daech souhaite atteindre ses adversaires au cœur de leur vie quotidienne, dans des lieux de rassemblement importants. Plusieurs éléments peuvent expliquer cette tactique. Tout d'abord, cette stratégie se révèle très efficace : faire exploser une bombe au milieu de la foule est l'assurance de faire un grand nombre de victimes avec une logistique et une organisation relativement restreintes. Elle vise en outre à effrayer et à paralyser ses victimes, puisqu'elle donne l'impression que l'on n'est jamais en sécurité. En choisissant pour cible des citoyens et non des personnes politiques, Daech souhaite montrer que nous sommes en quelque sorte responsables des décisions prises par nos hommes politiques, puisqu'ils ont été élus démocratiquement et qu'ils agissent donc au nom du peuple.

Par ailleurs, nombre d'experts s'accordent pour affirmer que Daech souhaite également favoriser les amalgames, en faisant assimiler par exemple islam et terrorisme, un rapprochement qui, s'il est suffisamment implanté dans les mentalités, pourrait mener au rejet de la communauté musulmane. Délaissée, celle-ci se laisserait plus facilement séduire par les projets du califat.

Les chiites sont eux aussi visés par Daech du fait de leur opposition séculaire en matière de religion. La cellule terroriste les accuse également d'avoir profité de la marginalisation des sunnites à la suite de l'invasion américaine de 2003, en occupant les postes clés du pouvoir. Ce faisant, ils se sont en quelque sorte alliés à l'Occident.

STRATÉGIE

Daech se serait appuyé sur un programme théorique défini en partie dans un ouvrage intitulé *L'administration de la sauvagerie : l'étape la plus critique à franchir pour la Oumma* (2004), écrit par un membre d'al-Qaida, pour parvenir à ses fins. Celui-ci s'articule autour de trois phases. La première consiste à affaiblir l'ennemi en ayant continuellement recours à la violence. De cette manière, les djihadistes favorisent le chaos. La population visée perd peu à peu confiance en son gouvernement. Quand le chaos régnera, Daech entamera la deuxième phase de son plan qui consiste à obtenir la faveur du peuple. Pour ce faire, il doit s'imposer comme la seule entité capable d'apporter un semblant d'ordre dans la société. Il devra alors rétablir la sécurité, mettre en place un système d'aide afin de proposer à la population meurtrie de la nourriture, des soins, etc. La dernière étape du plan consiste en la proclamation du califat.

FONCTIONNEMENT

UN ÉTAT EMBRYONNAIRE

Contrairement aux autres groupes djihadistes, Daech s'efforce de se constituer une base territoriale. Il est conscient que sa stabilité passe par une organisation efficace et une bonne gestion des populations vivant sous sa tutelle.

À la tête de l'État islamique se trouve le calife, Abou Bakr al-Baghdadi. Unique chef de la communauté musulmane, il reçoit de Dieu tous les pouvoirs, que ce soit sur le plan religieux, politique, judiciaire ou militaire. Autour de lui s'articule un gouvernement composé de sept responsables, chargés de l'encadrement des prisonniers, des finances, de la coordination entre les provinces, de la sécurité, de l'accueil des combattants étrangers et des opérations militaires. Trois responsables du Conseil de guerre assurent la gestion des véhicules et des armes, de « l'improvisation » des attentats par engin explosif, ainsi que des martyrs et des femmes.

La loi islamique (la charia) constitue l'unique source juridique. Une police, la hisbah, s'assure de son respect par la population. Ses membres se reconnaissent grâce à leur kamis, une sorte de longue robe blanche, surmonté parfois d'un gilet noir. Les infractions sont jugées par les tribunaux islamiques. La protection de la population locale est assurée par des militants civils.

Le 13 novembre 2014, le Bureau des affaires financières de Daech a annoncé l'émission d'une monnaie, mise en circulation probablement en juin 2015. S'il existe bien une volonté de s'affranchir du système économique occidental et juif, il s'agit d'abord et avant tout d'un symbole fort. Battre sa propre monnaie constitue en effet la marque de la puissance d'un État et de son indépendance. Sur les pièces, en or et en argent, figurent des symboles de l'islam et de Daech. Elles sont datées à partir de l'an 1436 de l'hégire (ère islamique qui commence à dater de la fuite de Mahomet à Médine), ce qui correspond à l'année 2014.

Pour établir un État moderne, al-Baghdadi est conscient qu'il doit obtenir le consentement des populations gouvernées, ce qui passe par l'établissement de programmes sociaux. Aussi, dans sa quête de nouveaux territoires, Daech vise particulièrement les zones marquées par un manque criant d'autorité politique. Dans ce contexte où l'économique prime sur le politique, il suffit de consacrer une faible part du budget au ravitaillement de la population pour s'assurer de son soutien. Le reste des dépenses est alors réservé au domaine militaire. D'après certains témoignages, les militants civils organiseraient des soupes populaires pour venir en aide à ceux qui ont perdu leur maison, distribuent du pain et des légumes, produisent de l'électricité en continu, et améliorent le quotidien des populations sunnites situées sur les territoires nouvellement conquis. À Raqqa, un Bureau des orphelins se charge par exemple de trouver une famille aux enfants ayant perdu leurs parents. Des programmes de santé et de vaccination contre la polio sont également mis en place. De plus, l'État islamique partage les ressources qu'il a acquises lors de ses conquêtes avec les populations locales. Celles-ci peuvent ainsi profiter de richesses dont elles étaient privées par les autorités politiques irakiennes et syriennes.

Al-Baghdadi applique ainsi une diplomatie par le consensus qui se révèle très efficace pour s'allier les communautés sunnites locales et s'affranchir de ses sponsors étrangers.

VIVRE AU SEIN DE L'ÉTAT ISLAMIQUE

Règles de vie

Il est particulièrement complexe de se représenter la vie quotidienne des populations vivant dans des territoires occupés par Daech en raison du peu d'informations dont nous disposons, mais aussi à cause du manque d'objectivité des sources existantes. Le groupe maintient en effet un contrôle strict de la communication et interdit, sous peine de mort, toute utilisation de caméra au sein des territoires qu'il contrôle. Par contre, l'usage d'Internet, qui constitue souvent le seul moyen de communication dont dispose un individu pour contacter ses proches, reste autorisé. L'accès en est toutefois strictement contrôlé afin que l'EI conserve la maîtrise de l'information. Seuls les combattants peuvent utiliser la Toile et filmer leur quotidien sans restriction.

Désireux de revenir au message coranique tel qu'il a été transmis par le prophète, Daech impose des règles de vie très dures. Elles sont enseignées à l'école dans un cursus conçu par l'EI afin de forger une jeunesse acquise à sa cause. Certaines sources évoquent ainsi le fait que l'Histoire se réduise à la vie de Mahomet et au développement de l'islam. La plupart des autres sciences humaines auraient tout bonnement disparu du programme. Le tabac, l'alcool, la musique et les loisirs sont formellement interdits. Les magasins sont fermés l'après-midi, et les rues sont totalement désertes à la tombée de la nuit. Toute personne désobéissant au calife s'expose à des sanctions très sévères : exécution par balle, décapitation ou mutilations publiques, crucifixion, lapidation, amputation, etc. L'homosexualité et punie par la peine capitale, au même titre que le blasphème, la trahison et l'adultère.

Les femmes sont considérées comme des citoyennes de seconde zone dénuées de droits politiques. L'accès aux soins de santé et à l'éducation leur est restreint. Pour sortir de l'habitation familiale, elles doivent en outre être accompagnées d'un homme de la famille. À l'exception des yeux, elles doivent être entièrement couvertes de vêtements noirs, visage et mains compris, afin de dissimuler au maximum leurs formes.

Persécutions des « mécréants »

Selon les salafistes les plus radicaux, ne pas adhérer à leur idéologie religieuse revient à être coupable d'un péché si grave qu'il justifie la mort. C'est pourquoi les hommes d'al-Baghdadi opèrent une véritable épuration ethnique envers ceux qu'ils désignent comme des « mécréants » : les yézidis, les chrétiens et les chiites, entre autres. Lorsqu'elles ne sont pas converties de force, ces communautés religieuses sont réduites au rang de *dhimmis*, un statut inférieur attribué aux non-musulmans qui les obligent à s'acquitter d'un impôt censé leur apporter protection, ce qui dans les faits ne les empêche aucunement d'être victimes d'exactions et de meurtre.

Hommes, femmes et enfants de la communauté chiite sont ainsi régulièrement massacrés, leurs maisons pillées et leurs mosquées ainsi que leurs sanctuaires détruits. Lorsqu'ils sont kidnappés, les femmes et les enfants sont traités comme des marchandises sur lesquels leurs propriétaires ont tous les droits : violence physique, prostitution, esclavage, viol et mariage forcé avec des membres de Daech sont ainsi monnaie courante.

LE FINANCEMENT DE L'ÉTAT ISLAMIQUE

L'aide étrangère

Dès 2003, plusieurs pays du Golfe, dont l'Arabie saoudite et le Qatar, et en particulier les milieux salafistes, ont apporté leur soutien financier à l'insurrection en Irak. Grâce à ces pays du Golfe, alliés des États-Unis, l'État islamique a accès à la technologie militaire occidentale. Dans le cadre de la guerre civile syrienne, il a également pu profiter des armes fournies par les Russes à Bachar al-Assad et de celles données par les Américains aux opposants, en les confisquant dès qu'ils en avaient l'occasion. En outre, les pays sunnites du Moyen-Orient considèrent Téhéran comme un adversaire, l'Iran étant un État chiite puissant dans la région. Aussi, les riches pays du Golfe, où le salafisme est fortement implanté, espèrent qu'en faisant renverser le régime de Bachar al-Assad, l'Iran perde un allié chiite important.

LE RÔLE DE BACHAR AL-ASSAD DANS LE DÉVELOPPEMENT DE L'EI

Bachar al-Assad a une part de responsabilité dans le développement de Daech. Dès 2011, il a laissé les réseaux djihadistes se répandre sur son territoire afin de juguler les mouvements de protestation dont il était l'objet. Par ailleurs, alors qu'il était contesté par les pays occidentaux pour sa politique autoritaire, il parvient à se rallier à eux, ceux-ci préférant lutter contre des terroristes qui menacent l'ordre mondial.

De son côté, Ankara tient une position très ambiguë. En effet, les Kurdes, présents en nombre en Turquie, réclament depuis longtemps leur autonomie. Le président Erdogan (né en 1954) a donc tout intérêt à laisser l'État islamique opprimer les Kurdes. C'est pourquoi les frontières que partage la Turquie avec la Syrie et l'Irak sont longtemps demeurées poreuses, facilitant ainsi le passage d'hommes et d'armes.

Ces différents pays ayant contribué d'une manière ou d'une autre à l'éclosion d'un véritable monstre risquent d'en payer un jour le prix fort. Malgré l'aide qu'elle lui a apportée, l'Arabie saoudite est considérée par Daech comme un régime corrompu qui s'est allié à l'Occident. Le groupe terroriste juge donc qu'il doit être détruit. Cette perspective a poussé le roi Abdallah (1924-2015) et neuf autres pays arabes à rejoindre la coalition internationale contre l'État islamique.

La Turquie, quant à elle, après avoir longtemps fermé les yeux sur ce qui se passait le long de ses frontières, a déjà été visée à plusieurs reprises par des attaques terroristes.

Vers l'émancipation financière

Grâce à ses avancées territoriales, l'État islamique a progressivement pu mettre la main sur un certain nombre de sites pétroliers et d'exploitation de gaz qui lui assurent une manne financière considérable. Ainsi, en 2014, on estimait à deux millions $ le montant gagné quotidiennement par Daech grâce à l'exportation de pétrole (notamment vers la Turquie), ce qui en fait sa première source de revenus.

La conquête de territoires permet par ailleurs de disposer d'un important butin de guerre, principalement issu du pillage des banques. Ainsi, lorsqu'il s'est emparé de la Banque centrale de Mossoul, le groupe a mis la main sur plus de 400 millions $. Daech se fournit également dans les musées, qui renferment des trésors archéologiques de l'époque préislamique d'une très grande valeur. Ces antiquités sont régulièrement vendues sur le marché noir, partout dans le monde. Les taxes et le racket exercé sur la population rapportent environ huit millions $ par mois. Le trafic d'esclaves et les enlèvements en échange de rançons constituent une autre activité très rentable.

Ces diverses ressources assurent à Daech un avenir financier très confortable. En 2014, la CIA estimait ainsi son trésor de guerre à deux milliards $. Grâce à l'argent issu de la vente du pétrole et des différentes extorsions effectuées sur son territoire – estimées à vingt millions $ en 2014 – il est parvenu à s'affranchir progressivement de ses mécènes étrangers et à développer une plus grande autonomie.

AFFILIATIONS

Al-Qaida

L'État islamique entretient une relation particulière avec al-Qaida. Héritier de la branche irakienne de l'organisation d'Oussama Ben Laden, le groupe semble vouloir prendre rapidement le dessus sur la mouvance mère. Le 9 avril 2013, Abou Bakr al-Baghdadi annonce la fusion de Daech avec le groupe de djihadistes syriens combattant le régime de Bachar al-Assad et formant la branche d'al-Qaida en Syrie, Jabhat al-Nosra (Front pour la victoire). L'État islamique en Irak et au Levant est ainsi créé. Mais l'émir d'al-Nosra, Abou Mohammed al-Joulani (né en 1981), dément cette alliance et rappelle son allégeance à al-Qaida et à son émir, Ayman al-Zaouahiri.

Il est vrai que, malgré les similitudes idéologiques, les troupes d'al-Nosra n'apprécient pas réellement cette alliance, car les combattants d'al-Baghdadi ne cherchent pas à s'affranchir de la tyrannie du président Bachar al-Assad. Mais aussi, et il s'agit peut-être là de la raison principale, al-Baghdadi et ses prédécesseurs ont toujours voulu soutenir le combat des Arabes sunnites contre les chiites et l'Iran. Al-Qaida voit dans cette lutte un risque de discorde entre les musulmans et préfère donc se concentrer sur la lutte contre l'Occident et ses alliés au Moyen-Orient.

S'ensuit une violente lutte fratricide en Syrie au début de l'année 2014. Les hommes d'al-Baghdadi finissent par prendre le dessus sur al-Nosra, une victoire qui permet à l'État islamique de s'emparer d'un vaste territoire. Possédant désormais un certain nombre de puits de pétrole, al-Baghdadi n'a plus besoin du soutien d'al-Qaida et proclame son indépendance par rapport au groupe djihadiste.

Autres groupes

Si l'État islamique s'est implanté en Syrie et en Irak, il étend son influence bien au-delà de ces deux pays. De nombreux groupes affiliés se trouvent au Moyen-Orient et en Afrique, principalement, dans des zones politiquement fragiles. Ainsi, en Libye, l'organisation État islamique profite de l'instabilité qui règne depuis la chute de Mouammar Kadhafi (1942-2011) en 2011. Il en est de même en Égypte et en Algérie, pays qui se sont également rangés du côté du califat. En Arabie saoudite, le groupe Wilayat Najd réalise des attentats terroristes dans le but de déstabiliser le Gouvernement.

Mais le groupe le plus puissant ayant prêté allégeance à l'État islamique est incontestablement Boko Haram, dirigé par Abubakar Shekau (né entre 1965 et 1975). Il sème la terreur dans le Nord du Nigeria et du Cameroun, dans le bassin du lac du Tchad et dans le Sud-Est du Niger.

D'autres organisations favorables à Daech permettent d'assurer la présence de l'organisation en Asie du Sud-Est et au Bangladesh, des régions où l'islam est fortement implanté.

De manière globale, l'État islamique s'est affilié des groupes implantés dans toute la moitié nord de l'Afrique, en Somalie et dans tout le Moyen-Orient (à l'exception du sultanat d'Oman), de la Turquie au Pakistan, ainsi qu'au Bangladesh et en Asie du Sud-Est.

RECRUTEMENT ET STRATÉGIES DE COMMUNICATION

Les organes de communication

La propagande développée par Daech a deux objectifs : recruter de nouveaux membres et terroriser ses adversaires. Pour ce faire, le groupe a su développer une stratégie de communication extrêmement efficace. Son service de communication, al-Hayat Media

Center, publie de nombreux messages écrits, audio et vidéo. Le groupe terroriste dispose également de sa propre agence d'information, *A'amaq* (« Profondeurs » en français), qui diffuse sur le Web des informations concernant l'État islamique, les combats menés ainsi que les discours prononcés par les dirigeants. Son magazine électronique, *Dabiq* (du nom de la ville syrienne conquise par l'EI en 2014, lieu prophétique où se jouerait l'ultime bataille entre l'armée musulmane et les Roums, c'est-à-dire les Byzantins que Daech étend au monde occidental), ou *Dar al Islam* (littéralement « Domaine de la soumission à Dieu », locution désignant les pays dans lesquels la charia est appliquée) pour la version française, diffuse depuis juillet 2014 des entretiens réalisés avec les otages, des appels à rejoindre les terres du califat et des appels au djihad, ainsi que des articles visant à justifier les décisions des leaders du groupe.

La production et la diffusion des vidéos propagandistes sont assurées par un service appelé al-Furqan (terme désignant une partie du Coran, la 25e sourate). Les films produits par cet organe s'inspirent grandement des standards hollywoodiens : la mise en scène est toujours savamment étudiée dans le but de séduire le spectateur, tout en exhibant une extrême violence afin de créer une sorte d'accoutumance. Ils mettent en avant des personnages présentés comme des héros auxquels les jeunes peuvent s'identifier.

Quelle que soit leur forme, les messages propagandistes de Daech sont toujours les mêmes. Ils montrent une vision très manichéenne et simpliste du monde, dans laquelle l'Occident et ses alliés persécutent les musulmans et se sont ainsi rendus coupables du déclin de l'islam. Pour mettre un terme à cela, l'unique solution consiste, selon le groupe, à rejoindre le califat, le seul à détenir la Vérité, et à anéantir l'ennemi, qu'il présente totalement déshumanisé. En récompense, Daech promet aux combattants une vie céleste après la mort, qui se veut éternelle et bien meilleure que la vie terrestre. Ce processus d'embrigadement permet de forger de véritables machines à tuer qui ne craignent pas la mort.

Daech cultive également le mystère afin de toucher l'imagination collective et d'attiser la curiosité ainsi que l'imagination. Le procédé est d'autant plus efficace que l'islam est une religion qui se fonde sur le mystère d'un retour de Mahomet. L'appareil propagandiste de Daech s'appuie sur cette attente pour construire une sorte de mythologie autour du califat et d'al-Baghdadi, qui serait en quelque sorte l'incarnation du retour du prophète. On ne connaît d'ailleurs que deux photos d'al-Baghdadi avant l'autoproclamation du califat.

La manipulation des médias et des réseaux sociaux

Une fois mis en ligne, les messages, vidéos et autres contenus, sont relayés partout dans le monde, notamment via les réseaux sociaux, massivement utilisés par les jeunes. Dès 2011, une campagne de propagande est mise en ligne qui vise à faire croire que l'État islamique dispose d'une force exceptionnelle, alors que le groupe était au bord de l'extinction. Le procédé s'est révélé extrêmement efficace : des combattants expérimentés, provenant notamment de Bosnie et de Tchétchénie, ont rejoint ses rangs et ont contribué à améliorer l'efficacité de l'armée. Cette stratégie continue à être utilisée aujourd'hui. Quitte à se lancer dans le djihad, le candidat préférera toujours rallier un groupe qui va de succès en succès plutôt que de s'affilier à une mouvance qui peine à s'imposer.

Daech connaît également un véritable engouement sur Twitter où il dispose de son propre fil d'actualité. Il n'hésite pas non plus à profiter des événements mondiaux pour élargir ses cibles potentielles. Par exemple, à l'occasion de la Coupe du monde de football de 2014, les membres de Daech ont utilisé des hashtags tels que #Brazil2014, #ENG ou encore #WC2014 dans leurs communications afin d'apparaître dans les résultats de recherches liées à la Coupe du monde. Ainsi, en cliquant sur les liens, les internautes étaient dirigés vers des messages de propagande appelant au djihad.

Par les images-chocs qu'il diffuse, l'État islamique manipule également la presse traditionnelle puisqu'en choisissant de ne pas les diffuser, celle-ci risque de faire l'impasse sur une partie de l'actualité et de voir son audience baisser. Elle ne peut en outre compter que sur les documents livrés par Daech lui-même, les journalistes envoyés sur place étant souvent enlevés et exécutés par les hommes d'al-Baghdadi. La surenchère d'images violentes fait donc le jeu de Daech puisqu'il peut ainsi afficher sa puissance et jouer sur la peur des gens, arme de conquête d'une redoutable efficacité.

Les cellules de recrutement

Bien que certains experts préfèrent ne pas s'avancer sur l'élaboration d'un portrait type des personnes susceptibles de rejoindre les rangs de l'État islamique, il est possible de déterminer un certain nombre d'éléments qu'ils ont en commun.

Dans un monde en crise, tant sur le plan économique que politique et philosophique, Daech vise des jeunes en quête de sens et d'identité, qui doutent de leur avenir et qui éprouvent parfois un profond sentiment d'échec. Ceux-ci s'avèrent en outre souvent peu éduqués sur le plan religieux et ne connaissent donc pratiquement rien de l'islam. Dénués de tout esprit critique, ils se laissent facilement approcher par des personnalités salafistes, des imams autoproclamés qui relayent l'idéologie daechienne sur le terrain. Jouant sur la souffrance de ces jeunes qui ont perdu leurs repères, ils tentent de les persuader que leurs maux sont liés au mode de vie occidental, mais aussi au racisme que les Occidentaux manifestent à l'égard des Arabes.

En rejoignant le califat et en participant au djihad, les jeunes se voient offrir un véritable projet de vie non seulement sur Terre, mais aussi après leur mort. Ils espèrent ainsi recevoir une forme de reconnaissance de leur existence en devenant des héros de l'islam, voire des martyrs. Ils seraient ainsi assurés de rejoindre le paradis et, pour les hommes, de se voir attribuer 72 vierges. En outre, devenir un martyr est présenté par les recruteurs islamistes comme le seul moyen d'expier ses péchés, alors que la religion musulmane compte de nombreuses autres voies de rédemption, à commencer par le ramadan. Pour les convaincre, les recruteurs s'appuient sur une interprétation très radicale, voire déformée, de quelques versets du Coran sortis de tout contexte historique.

LA LUTTE CONTRE DAECH

LE CONFLIT ARMÉ EN SYRIE : GÉOPOLITIQUE ET GUERRE PAR PROCURATION

Alors que Barack Obama (président des États-Unis, né en 1961) ne souhaitait pas s'impliquer dans les conflits ayant lieu au Moyen-Orient, il change de position à l'été 2014 en décidant de recourir à la force pour combattre les djihadistes en Irak. Il craint en effet une expansion et une installation durable de Daech dans la région, ce qui mettrait en péril les intérêts américains au Moyen-Orient. Ce changement de position survient à la suite de la décapitation du journaliste américain James Foley, le 19 août 2014, près de Racca. Le 10 septembre de la même année, Obama annonce son intention de monter une coalition internationale placée sous l'égide de l'OTAN et de lancer une campagne de bombardements aériens sur la Syrie afin de détruire le califat. Une première coalition réunit pas moins d'une trentaine de pays, dont les cinq membres permanents (Chine, États-Unis, France, Royaume-Uni et Russie) ainsi qu'une dizaine de pays arabes (Arabie saoudite, Qatar, Jordanie, Bahreïn, Émirats arabes unis, notamment). L'objectif est de combattre la présence de Daech en Irak, en soutenant en particulier le Gouvernement irakien dans sa lutte. L'Allemagne, la Belgique, le Danemark et l'Australie ont, par la suite, rejoint cette coalition.

Toutefois, aucun pays ne tient à envoyer des troupes au sol par crainte de s'enfoncer dans un bourbier semblable à celui qu'a été l'Afghanistan. Aussi les pays occidentaux qui se sont ralliés à la coalition privilégient-ils les bombardements aériens. Ils apportent également leur soutien aux groupes armés locaux opposés à Daech, livrant ainsi une guerre par procuration. Dans cette optique, la Maison-Blanche a octroyé 500 millions $ à la constitution en Syrie d'une opposition aux convictions plutôt laïques, à la fois contre Daech et Bachar al-Assad. Les combattants qui s'y rallient sont pour la plupart entraînés par l'Iran, pays chiite qui entend soutenir les dirigeants irakiens en luttant contre les pouvoirs sunnites locaux. Mais cette tactique se révèle peu efficace, une somme de petites organisations s'avérant bien trop faible face à une armée aussi puissante que celle de l'État islamique.

Parmi les groupes ayant pris les armes contre Daech, on retrouve le Parti des travailleurs du Kurdistan (PKK) qui a été appuyé en août 2014 par les États-Unis. Or cette organisation est reconnue officiellement par Washington comme un groupe terroriste. Elle est en outre un ennemi historique de la Turquie. Ankara ayant rejoint la coalition internationale contre l'État islamique, les enjeux géopolitiques mènent donc le PKK à combattre à ses côtés. D'autres groupes sont également soutenus par les pays du Golfe dans leur lutte contre le monstre islamiste qu'ils ont eux-mêmes en partie engendré. L'ennui pour les Occidentaux est qu'il s'agit de groupes salafistes ou proches des Frères musulmans, tels que le Front des moudjahidines, qui veulent mettre en place un régime islamique en Syrie.

De son côté, Bachar al-Assad compte comme principal allié Vladimir Poutine (homme d'État russe, né en 1952). S'il entend combattre fermement l'État islamique, le président syrien refuse catégoriquement toute frappe aérienne de la part des États-Unis contre Daech. Cet élément complique fortement les plans de la Maison-Blanche. En effet, envoyer des avions en Syrie reviendrait à agresser un membre des Nations-Unies et à échauffer considérablement les tensions déjà très vives avec la Russie. Néanmoins, la Charte des Nations-Unies autorise par son article 51 l'intervention armée dans un autre pays en cas de légitime défense.

La Chine s'inquiète également de la situation au Moyen-Orient. Elle craint en effet une contagion dans la province du Xinjiang, d'autant plus que son territoire national a été frappé à plusieurs reprises par des attentats depuis le mois d'octobre 2013. Ses intérêts économiques sont également menacés puisque 8 % de sa consommation de pétrole provient d'Irak, et sa présence en Afrique est, elle aussi, mise en péril, en particulier par Boko Haram. C'est pourquoi Pékin déploie son armée principalement sur le continent noir.

Les efforts menés par la communauté internationale semblent payants. À la fin du mois de juin 2016, Daech aurait en effet perdu 45 % des territoires qu'il avait conquis sur le sol irakien, mais aussi Falloujah, qui était le dernier bastion occupé par Daech dans l'Anbar, principale province du pays. Les terres aux alentours de Kirkouk (Nord de l'Irak), riches en pétrole, ont été reprises par les Kurdes durant le printemps 2016. En Syrie, Raqqa est aujourd'hui la seule ville importante aux mains d'al-Baghdadi. Sa position est menacée depuis que Palmyre a été reprise par les troupes syriennes. Des troupes kurdo-arabes s'approchent progressivement de la ville par le nord. Elles se sont en outre emparées au début du mois de juin 2016 de la dernière route qui relie la ville à la Turquie et qui permettait d'acheminer par le marché noir un grand nombre d'armes, de marchandises et d'hommes.

Daech se voit ainsi privé des ressources qui lui assuraient sa sécurité financière ; une situation qui est accentuée par le fait que le groupe n'a cessé de se retourner contre ses différents mécènes (al-Qaida et les pays du Golfe).

Malgré les avancées de la coalition internationale, la paix est encore loin d'être conclue. L'État irakien ne semble en effet pas être en mesure d'assurer la sécurité et la stabilité des territoires libérés de Daech où les populations sunnites sont toujours brutalisées par les miliciens chiites. Une fois l'EI vaincu, il faudra que soit érigé un gouvernement représentatif des différentes communautés afin non seulement de reconstruire les villes en ruines, mais aussi de veiller au contrôle et à la sécurité de l'ensemble du territoire.

CONTRE-PROPAGANDE

Pour combattre l'État islamique, la lutte armée sur son territoire ne suffit pas. Des efforts sont également réalisés pour lutter contre la propagande djihadiste sur Internet afin de limiter l'apport des nouvelles recrues. Mais ce combat s'avère particulièrement difficile. À chaque fermeture de comptes par les réseaux sociaux, d'autres sont créés, rendant le processus peu efficace.

De nombreux États ont, en parallèle, lancé des campagnes de contre-propagande. Ainsi, des community managers britanniques traquent le moindre message de Daech sur les réseaux sociaux pour en contrer l'argumentaire. La France a, de son côté, mis en place un site web pour faire comprendre les dangers du djihadisme terroriste et décrypter les messages de propagande véhiculés (http://www.stop-djihadisme.gouv.fr). Aux États-Unis, le Center for Strategic Counterterrorism Communications diffuse des vidéos dénonçant la violence extrême de Daech. Mais, au début de l'année 2016, il est encore trop tôt pour juger de son efficacité.

LES VICTIMES DE L'ÉTAT ISLAMIQUE

Les multiples communautés ethniques qui composent la Syrie et l'Irak sont quotidiennement persécutées. C'est en particulier le cas des chiites et des chrétiens d'Orient. Il en est de même pour de nombreux sunnites qui n'adhèrent pas à l'idéologie de Daech et qui refusent de se soumettre à al-Baghdadi. Les actes de torture, de persécution et de viol dont l'EI se rend coupable mènent l'ONU à accuser l'organisation de crimes contre l'humanité.

Tout cela a pour conséquence le déplacement massif des populations vers l'Europe tel qu'on en a plus vu depuis la Seconde Guerre mondiale (1939-1945). En plus du coût financier que ces voyages représentent, ceux-ci ne sont pas sans risques. Après avoir franchi au péril de leur vie des zones souvent en guerre et des frontières solidement fermées, les réfugiés sont entassés par centaine sur des bateaux de taille très modeste pour traverser la Méditerranée, et les naufrages sont nombreux. Ainsi, au début du mois de septembre 2015, 2 700 migrants ont péri au cours de leur exode. Une fois sur le sol européen, leur calvaire n'est pas terminé : ils doivent en effet souvent faire face à des pays qui refusent de les accueillir et de leur octroyer l'asile, comme c'est le cas en Autriche et en Hongrie, malgré les obligations émises par l'Union européenne.

À côté de ces populations directement touchées, il faut également compter parmi les victimes de Daech la communauté musulmane qui souffre des amalgames qui sont faits un peu trop rapidement. En décontextualisant certains passages du Coran, Daech donne une vision erronée de ce texte sacré que les personnes non initiées peuvent penser réelle. Ce faisant, Daech favorise le développement d'un racisme qui prend de plus en plus d'ampleur au point de rendre particulièrement complexe l'intégration de la communauté musulmane dans nos sociétés ; ce qui, ne l'oublions pas, constitue un terrain particulièrement fertile sur lequel pourra se propager l'extrémisme...

EN RÉSUMÉ

- Daech est le fruit d'une société très hétérogène marquée par l'ingérence politique. Profitant de la marginalisation de certaines catégories de population, il a considérablement exacerbé les différences culturelles et attisé la haine des uns contre les autres. Le développement du groupe terroriste doit également beaucoup aux enjeux géopolitiques du Moyen-Orient et au conflit historique opposant les chiites aux sunnites.

- Le leader de l'État islamique, Abou Bakr al-Baghdadi, est animé par la volonté de restaurer l'âge d'or de l'islam au travers de l'établissement d'un califat dont il s'est autoproclamé chef et au sein duquel il entend faire appliquer la charia.

- Profitant des dérives d'une société en crise, l'État islamique fait appel à des jeunes désœuvrés pour grossir les rangs de son armée et les invite à prendre part au djihad en leur promettant un projet de vie et l'accès au paradis après leur mort. Le groupe terroriste se montre prêt à accueillir n'importe quelle personne adhérant à son idéologie salafiste. En revanche, il se montre impitoyable envers les autres qu'il nomme « mécréants », qui ne méritent que la mort.

- Quelle que soit la cible, le message proclamé par Daech repose sur un discours victimisant les musulmans, méprisés par les Occidentaux et leurs alliés corrompus. Il use en outre de quelques extraits du Coran sortis de tout contexte historique qu'il interprète de manière radicale afin de légitimer ses paroles.

- Pour diffuser ses messages de propagande et recruter de nouveaux membres, Daech fait preuve d'un très grand pragmatisme et s'appuie sur une stratégie de communication très bien ficelée. En usant d'une violence extrême qu'il rend visible à travers des vidéos ou des images d'exécutions, il joue sur la peur et manipule le monde journalistique qui, s'il veut relayer les informations liées au groupe, n'a d'autre choix que de diffuser leurs images.

- Dans les territoires conquis, l'EI tente de s'allier la population afin de constituer un véritable État en veillant à l'amélioration des conditions de vie des populations sunnites au sein du califat.

- En raison des nombreux enjeux stratégiques présents au Moyen-Orient, de nombreuses forces et puissances mondiales aux intérêts souvent très divergents, voire totalement opposés, se sont alliées pour combattre cet ennemi commun. Ce bouleversement géopolitique fait que la lutte contre Daech ne constitue pas une guerre classique, bipolaire, mais multipolaire. Cette particularité complique considérablement la mise en place d'une coalition unie et efficace pour venir à bout de l'État islamique.

- Outre les innombrables victimes civiles qui périssent durant les combats et dans les attentats terroristes un peu partout dans le monde, des dizaines de milliers de personnes abandonnent tout ce qu'ils ont pour fuir la guerre et l'oppression de Daech et rejoindre, au péril de leur vie, l'Europe, qu'ils perçoivent comme une terre d'accueil et d'asile. En outre, Daech participe grandement au développement du racisme des Occidentaux vis-à-vis de la communauté musulmane afin que celle-ci puisse rejoindre ses rangs et se détourner du monde occidental.

POUR ALLER PLUS LOIN

SOURCES BIBLIOGRAPHIQUES

- « Al-Zarquaoui, le délinquant à l'origine de Daech », in *Le Vif.be*, consulté le 10 juin 2016.
  http://www.levif.be/actualite/international/al-zarqaoui-le-delin-quant-a-l-origine-de-daech/article-normal-408653.html
- AMGHAR (Samir), « Qu'est-ce que le salafisme ? », in *Sciences Humaines.com*, consulté le 10 juin 2016.
  http://www.scienceshumaines.com/qu-est-ce-que-le-sala-fisme_fr_35322.html
- BAUCHARD (Denis), *Le Moyen-Orient face à Daech. Défis et ripostes*, Paris, Institut français des relations internationales, 2014.
  http://www.ifri.org/fr/publications/enotes/notes-de-lifri/moyen-orient-face-daech
- BAUDET (Marie-Béatrice), « Sur la route du djihad, entre Anvers et Bruxelles », in *Le Monde*, 24 novembre 2015, p. 6.
- BENKIRANE (Réda), « Daech, un monstre que l'Occident a rendu possible », in *Les cahiers de l'Islam. Revue d'études sur l'Islam et le monde musulman*, consulté le 20 mai 2016.
  http://www.lescahiersdelislam.fr/Daech-un-monstre-que-l-Occident-a-rendu-possible_a1266.html
- BENRAAD (Myriam), *Irak, la revanche de l'histoire : de l'occupation étrangère à l'État islamique*, Paris, Vendémiaire, 2015.
- BENRAAD (Myriam), « Les sunnites, l'Irak et l'État islamique », in *Esprit*, n° 11, 2014.
- BONIFACE (Pacale), « Quelle réponse face au terrorisme ? », in *Iris*, consulté le 21 avril 2016.
  http://www.iris-france.org/73652-quelle-reponse-face-a-la-menace-terroriste/

- Braun (Vincent), « Des hommages et des sabres », in *La Libre Belgique*, 28 janvier 2015, p. 20.
- Braun (Vincent), « Un manque de respect nommé blasphème », in *La Libre Belgique*, 7 et 8 février 2015, p. 22.
- « Country Reports on Terrorism 2014 », in *U.S. Department of State Diplomacy in Action*, 2015.
  http://www.state.gov/j/ct/rls/crt/2014/index.htm
- Duby (Georges), *Atlas historique mondial*, Paris, Larousse, 2007.
- « Face à Daech, qui fait quoi dans la coalition… pour quels résultats ? », in *Le Figaro.fr*, consulté le 13 juin 2016.
  http://www.lefigaro.fr/international/2016/01/08/01003-20160108ARTFIG00011-face-a-daech-qui-fait-quoi-pour-quels-resultats.php
- Fellous (Gérard), *Daech – « État islamique ». Cancer d'un monde arabo-musulman en recomposition. Un conflit international long et incertain*, Paris, L'Harmattan, 2015.
- Gambhir (Harleen), « Isis-linked activity in the Southeast Asia: March 2 to April 21, 2016 », in *Institute for the study of war*, consulté le 10 juin 2016.
  http://understandingwar.org/backgrounder/
  isis-linked-activity-southeast-asia-march-2-april-21-2016
- Gambhir (Harleen), « Isis global strategy: March 2016 », in *Institute for the study of war*, consulté le 10 juin 2016.
  http://understandingwar.org/backgrounder/
  isis-global-strategy-march-2016
- Hussein (Asna), « Comment l'État islamique détourne des textes et des codes islamiques pour se rendre plus attractif », in *Les cahiers de l'Islam. Revue d'études sur l'Islam et le monde musulman*, consulté le 20 mai 2016.
  http://www.lescahiersdelislam.fr/Comment-l-Etat-islamique-detourne-des-textes-et-des-codes-islamiques-pour-se-rendre-plus-attractif_a1234.html
- Hussein (Asna), « Les illusions de la propagande numérique de

l'"État islamique" », in *Les cahiers de l'Islam. Revue d'études sur l'Islam et le monde musulman*, consulté le 20 mai 2016.
http://www.lescahiersdelislam.fr/Les-illusions-de-la-propagande-numerique-de-L-Etat-islamique_a1252.html
- HUSSEIN (Asna) et AL AJAMÎ (Cyrille Moreno), « Le djihad fantasmé de Daesh », in *Les cahiers de l'Islam. Revue d'études sur l'Islam et le monde musulman*, consulté le 20 mai 2016.
http://www.lescahiersdelislam.fr/Le-djihad-fantasme-de-Daesh_a1255.html
- *Institut de Relations Internationales et Stratégiques*, consulté le 3 juin 2016.
http://www.iris-france.org/
- *Institute for the Study of War*, consulté le 3 juin 2016.
http://understandingwar.org/
- « Iraq: women suffer under ISIS, Human Rights Watch », in *Human Rights Watch*, consulté le 26 avril 2016.
https://www.hrw.org/news/2016/04/05/iraq-women-suffer-under-isis
- « Iraq : histoire », in *Larousse.fr*, consulté le 3 juin 2016.
http://www.larousse.fr/encyclopedie/divers/Iraq_histoire/187631
- « Isis's regional compaign: April 2016 », in *Institute for the study of war*, consulté le 10 juin 2016.
http://understandingwar.org/map/isiss-regional-campaign-april-2016
- JAMBU (Jérôme), « Quand Daech frappe sa monnaie », in *L'Histoire*, n° 421, mars 2016, p. 18-19.
- KAROUNY (Mariam), « Life under Isis: for residents of Raqqa is this really a caliphate worse than death? », in *The Independent*, 5 septembre 2014.
- LAMFALUSSY (Christophe), « Daech perd le contrôle de son axe vers la Turquie », in *La Libre Belgique*, 6 juin 2016, p. 18.
- LAMFALUSSY (Christophe), « Les deux fronts qui vont déstabiliser

l'État islamqiue », in *La Libre Belgique*, 26 mai 2016, p. 18-19.

- « Le chef de l'EI en Lybie tué », in *La Libre Belgique*, 6 septembre 2015, p. 15.
- « *Le management de la sauvagerie, l'étape la plus critique que franchira l'oumma* », in *Mediapart.fr*, consulté le 15 juin 2016. https://blogs.mediapart.fr/danyves/blog/150615/le-management-de-la-sauvagerie-l-etape-la-plus-critique-que-franchira-l-oumma
- « Le monde arabe. Regards géopolitiques », in *Hérodote. Revue de géographie et de géopolitique*, 2016, n° 160-161.
- *Les cahiers de l'Islam. Revue d'études sur l'Islam et le monde musulman.* http://www.lescahiersdelislam.fr/
- « Le vrai pouvoir des califes », in *L'Histoire*, n° 423, mai 2016, p. 42-65.
- Mouedden (Mohsin), « De la délinquance à l'extrémisme », in *La Libre Belgique*, 14 avril 2016, p. 52-53.
- Napoleoni (Loretta), *L'État islamique : multinationale de la violence*, Paris, Calmann-Lévy, 2015.
- Pakzad (Karim), « Constituer une coalition pour défaire l'État islamique : quels enjeux, quelles conséquences ? », in *Iris*, consulté le 21 avril 2016. http://www.iris-france.org/43907-constituer-une-coalition-pour-defaire-letat-islamique-quels-enjeux-quelles-consequences/
- Pakzad (Karim), « Irak : où en est la situation politique et militaire ? », in *Iris*, consulté le 21 avril 2016. http://www.iris-france.org/73866-irak-ou-en-est-la-situation-politique-et-militaire/
- Roy (Olivier), « Le djihadisme est une révolte nihiliste », in *Le Monde*, 25 novembre 2015, p. 14.
- Sourdel (Janine et Dominique), *Dictionnaire historique de l'islam*, Paris, PUF, 1996.
- *Stop-djihadisme.gouv.fr*, consulté le 13 juin 2016.

http://www.stop-djihadisme.gouv.fr/

- Van de Woestyne (France), « Détourner le regard de cette photo, c'est se détourner du drame », in *La Libre Belgique*, 4 septembre 2015, p. 2-3.
- Vaudano (Maxime), « Quelles sont les différences entre sunnites et chiites ? », in *Le Monde.fr*, consulté le 3 juin 2016. http://www.lemonde.fr/les-decodeurs/article/2014/06/20/au-fait-quelle-difference-entre-sunnites-et-chiites_4442319_4355770.html
- Vernier (Éric), « Veut-on vraiment s'attaquer aux finances de l'État islamique ? », in *Iris*, consulté le 21 avril 2016. http://www.iris-france.org/66829-veut-on-vraiment-sattaquer-aux-finances-de-letat-islamique/
- Verhest (Sabine), « Le racket, les rançons, la vente de pétrole et d'œuvres d'art », in *La Libre Belgique*, 16 novembre 2015, p. 14.
- Zerrouky (Madjid), « Qu'apprend-on aux enfants de l'école de l'État islamique », in *Le Monde.fr*, consulté le 10 juin 2016. http://www.lemonde.fr/international/article/2016/04/22/a-l-ecole-de-l-etat-islamique_4907106_3210.html

SOURCES COMPLÉMENTAIRES

- Abis (Sébastien), « La subsistance alimentaire, une arme de Daech », in *Iris*, consulté le 21 avril 2016. http://www.iris-france.org/75396-la-subsistance-alimentaire-une-arme-de-daech/
- Allard (Jean-Claude), « Lutte contre l'État islamique : de la nécessité de définir l'ennemi pour mieux revenir aux fondamentaux de la stratégie militaire », in *Iris*, consulté le 21 avril 2016. http://www.iris-france.org/67208-lutte-contre-letat-islamique-de-la-necessite-de-definir-lennemi-pour-mieux-revenir-aux-fondamentaux-de-la-strategie-militaire/
- Bourgeot (Rémi), « Contrer Daech au moyen d'un choc d'offre de pétrole ? », in *Iris*, consulté le 21 avril 2016.

http://www.iris-france.org/67375-contrer-daech-au-moyen-dun-
choc-doffre-de-petrole/
* FILIU (Jean-Pierre), « Le djihad de la fin des temps », in *L'Histoire*,
n° 422, avril 2016, p. 52-55.
* LAMFALUSSY (Christophe), « Ces blogueurs qui sont le cauchemar
de Daech », in *La Libre Belgique*, 2 octobre 2015, p. 18-19.
* LAMFALUSSY (Christophe), « Mères de terroristes », in *La Libre
Belgique*, 12 novembre 2015, p. 4-5.

SOURCE ICONOGRAPHIQUE

* Photo prise à Falloujah en 2014. © US Marine Corps.

FILM, DOCUMENTAIRES ET DÉBATS TÉLÉVISÉS

Sources audiovisuelles

* « Qu'est-ce que le salafisme ? », in *Le Dessous des cartes*, documentaire de Frédéric Lernoud, France, 2013.
http://ddc.arte.tv/nos-cartes/qu-est-ce-que-le-salafisme
* « De la délinquance au djihad », in *C dans l'air*, débat diffusé le
29 mars 2016, France.
http://www.france5.fr/emissions/c-dans-l-air/
diffusions/29-03-2016_471291
* *Djihad, les contre-feux*, documentaire de Laetitia Moreau, France,
2016.
http://www.arte.tv/guide/fr/060819-000-A/
djihad-les-contre-feux
* « Sur le terrain, Daech recule », in *C dans l'air*, débat diffusé le
24 mars 2016, France.

Sources complémentaires

* *La Sharia avant les bœufs*, documentaire de Safia Kessas,

Belgique, 2012 (de 0' à 37').
https://www.rtbf.be/auvio/
detail_tout-ca-ne-nous-rendra-pas-le-congo?id=1773624
- « L'islam en conflit (1/2) », in *Le Dessous des cartes*, documentaire
de Frédéric Lernoud, France, 2014.
http://ddc.arte.tv/nos-cartes/l-islam-en-conflit-1-2
- « L'islam en conflit (2/2) », in *Le Dessous des cartes*, documentaire
de Frédéric Lernoud, France, 2014.
http://ddc.arte.tv/nos-cartes/l-islam-en-conflit-2-2
- « Contre Daesh, faut-il s'allier avec le diable ? », in *Ce soir ou
jamais !*, France, débat diffusé le 2 octobre 2015.
http://www.france2.fr/emissions/ce-soir-ou-jamais/
diffusions/02-10-2015_421403
- *Djihad 2.0*, documentaire d'Olivier Toscer, France, 2015.
http://www.lcp.fr/emissions/169791-djihad-20
- « Les conséquences politiques et militaires des attentats du
vendredi 13 novembre », in *Ce soir ou jamais !*, France, débat
diffusé le 20 novembre 2015.
http://www.france2.fr/emissions/ce-soir-ou-jamais/
diffusions/20-11-2015_436090
- *La Route d'Istanbul*, film de Rachid Bouchareb, avec Astrid
Whettnall et Pauline Burlet, Algérie, Belgique et France, 2016.

www.50minutes.fr

Éditeur responsable : Lemaitre Publishing
Avenue de la Couronne 382 | BE-1050 Bruxelles
info@lemaitre-editions.com

ISBN ebook : 978-2-8062-7903-3
ISBN papier : 978-2-8062-7904-0
Dépôt légal : D/2016/12603/182
Photo de couverture : La photo reproduite est réputée libre de droits.

Conception numérique : Primento,
le partenaire numérique des éditeurs.